essentials

essentials liefern aktuelles Wissen in konzentrierter Form. Die Essenz dessen, worauf es als „State-of-the-Art" in der gegenwärtigen Fachdiskussion oder in der Praxis ankommt. *essentials* informieren schnell, unkompliziert und verständlich

- als Einführung in ein aktuelles Thema aus Ihrem Fachgebiet
- als Einstieg in ein für Sie noch unbekanntes Themenfeld
- als Einblick, um zum Thema mitreden zu können

Die Bücher in elektronischer und gedruckter Form bringen das Expertenwissen von Springer-Fachautoren kompakt zur Darstellung. Sie sind besonders für die Nutzung als eBook auf Tablet-PCs, eBook-Readern und Smartphones geeignet. *essentials:* Wissensbausteine aus den Wirtschafts-, Sozial- und Geisteswissenschaften, aus Technik und Naturwissenschaften sowie aus Medizin, Psychologie und Gesundheitsberufen. Von renommierten Autoren aller Springer-Verlagsmarken.

Weitere Bände in der Reihe http://www.springer.com/series/13088

Walther Pielke

Besteuerung von Kryptowährungen

Ein Überblick über die verschiedenen Steuerarten

Walther Pielke
Dießen am Ammersee, Deutschland

ISSN 2197-6708   ISSN 2197-6716   (electronic)
essentials
ISBN 978-3-658-23255-9   ISBN 978-3-658-23256-6   (eBook)
https://doi.org/10.1007/978-3-658-23256-6

Die Deutsche Nationalbibliothek verzeichnet diese Publikation in der Deutschen Nationalbibliografie; detaillierte bibliografische Daten sind im Internet über http://dnb.d-nb.de abrufbar.

Springer Gabler
© Springer Fachmedien Wiesbaden GmbH, ein Teil von Springer Nature 2018

Springer Gabler ist ein Imprint der eingetragenen Gesellschaft Springer Fachmedien Wiesbaden GmbH und ist ein Teil von Springer Nature
Die Anschrift der Gesellschaft ist: Abraham-Lincoln-Str. 46, 65189 Wiesbaden, Germany

Was Sie in diesem *essential* finden können

- Eine umfassende Darstellung der steuerlichen Besonderheiten von Kryptowährungen
- Wie Sie mit Gewinnen/Verlusten aus Kryptowährungen gegenüber dem Finanzamt zu verfahren haben
- Wo steuerliche Risiken bei der Nutzung von Kryptowährungen lauern

Inhaltsverzeichnis

Einleitung – die Blockchain-Technologie und ihre Ausprägungen

1

In den letzten Jahren hat sich mit Kryptowährungen ein neues Phänomen herausgebildet. Es gab auch bisher schon alternative Währungen, deren Werthaltigkeit allein auf dem Vertrauen ihrer Nutzer aufbaute. Diese Währungen waren meist regional begrenzt und spielen wirtschaftlich keine bedeutende Rolle. Das änderte sich durch die auf der Blockchain basierende Bitcoin. Zahlreiche blockchain-basierte Kryptowährungen sind mittlerweile ergänzend zur Bitcoin entstanden. Daneben hat sich mit den Krypto Token eine weitere Klasse von Blockchain-Anwendungen etabliert.

Dieses essential beleuchtet die Ausprägung der Blockchain als Währung bzw. werthaltigem Token und deren steuerliche Einordnung. Die Ausführungen sind auf dem Rechtsstand von Juli 2018.

1.1 Blockchain

Um Aussagen über die steuerliche Einordnung treffen zu können, muss zunächst die dahinterstehende Technologie, die Blockchain, verstanden werden. Die Blockchain wurde 2008 als Grundlage für die Bitcoin entwickelt. Das zugrunde liegende System kann als digitales Register beschrieben werden. Darin werden alle Transaktionen seit Beginn der Nutzung der Technologie festgeschrieben. Kern der Blockchain ist ein komplexer Algorithmus zur Verifizierung der Transaktionen. Alle Transaktionen werden in einer Kette von aufeinander aufbauenden Transaktionsblöcken irreversibel zusammengefasst. Jede Blockchain ist daher eine Abschrift des gesamten Transaktionsverzeichnisses der jeweiligen Anwendung (Terlau 2017, § 55a Rn. 139). Andererseits ist jede einzelne Blockchain-Einheit identifizierbar und anhand des Registers über alle (anonymen) Vorbesitzer bis zu ihrem Ursprung nachvollziehbar.

© Springer Fachmedien Wiesbaden GmbH, ein Teil von Springer Nature 2018
W. Pielke, *Besteuerung von Kryptowährungen*, essentials,
https://doi.org/10.1007/978-3-658-23256-6_1

Blockchain-Technologie wird nicht nur für Währungen eingesetzt. Das Spektrum ist vielfältig. So basieren auf der Blockchain z. B. smart contracts zur automatisierten Abwicklung von Verträgen oder Software für den Erlass von Verwaltungsakten.

Gemeinsam ist allen Anwendungen die dezentrale Speicherung des Transaktionsverzeichnisses. Dadurch hat jeder Nutzer eine Abschrift aller Transaktionen der Anwendung. Diese Dezentralität macht das Blockchain-Prinzip sehr störunanfällig.[1] Der Austausch der Transaktionsdaten erfolgt automatisch auf Basis des dem jeweiligen Blockchain-Programms zugrunde liegenden Algorithmus. Blockchain-Einheiten werden in digitalen Konten/Depots an einem vom Nutzer definierten Ort gespeichert; den Wallets. Transaktionen werden von den Wallets in das Netzwerk gemeldet. Die Verarbeitung der Transaktionen in der Blockchain erfolgt dann entweder dezentral (wie bei den meisten Anwendungen) oder (seltener und bei proprietären Lösungen wie z. B. XRP[2]) durch eine oder mehrere zentrale Clearingstellen.

1.2   Kryptowährungen

Währungen, die auf dem Einsatz der Blockchain basieren, werden als Kryptowährungen bezeichnet. Die Silbe „Krypto" ist griechischen Ursprungs und bedeutet „geheim/verschlüsselt". Eine Kryptowährung basiert damit auf Verschlüsslung. Traditionelle Währungen basieren auf dem Vertrauen in die Solvenz des begebenden Staates oder schlicht den Materialwert der Währungseinheit. Sie werden auch Fiat-Währungen genannt. Im Gegensatz dazu entsteht der Wert von Kryptowährungen aus dem Vertrauen der Nutzer in die Sicherheit der Währung. Die einzelnen Währungseinheiten lassen ihren Besitzer nicht erkennen. Das ist allenfalls indirekt, z. B. über die für den Erwerb genutzte IP-Adresse des Nutzers möglich (Schlund und Pongratz 2018, S. 598). Die Sicherheit entspringt aus den zugrunde liegenden Verschlüsselungs-Algorithmen und ihrer Struktur. Sie werden dezentral auf jedem teilnehmenden Rechner gespeichert. Die meisten Kryptowährungen sind frei verfügbar, können von jedermann erworben und weitergegeben werden.

---

[1]BaFin, https://www.bafin.de/DE/Aufsicht/FinTech/Blockchain/blockchain_node.html.

[2]http://m.spiegel.de/wirtschaft/unternehmen/ripple-was-hinter-dem-bitcoin-rivalen-steckt-a-1186789.html.

Blockchainbasierte Kryptowährungen bieten durch Verschlüsselung und dezentrale Speicherung einen hohen Sicherheitsstandard. Eine Manipulation ist aufgrund der dazu erforderlichen Rechenleistung derzeit nicht denkbar. Mittelfristig wird sich das mit der Verfügbarkeit von Quantencomputern ändern, deren Rechenleistung eine Entschlüsselung und damit auch Manipulation der Blockchain zumindest möglich erscheinen lässt. Eine Anpassung der Verschlüsselung an die gestiegene Rechenleistung wird dann unumgänglich sein. Ob dies für bereits bestehende Kryptowährungen nachträglich möglich ist, darf bezweifelt werden.

Kryptowährungen können mit dem heutigen Stand und Angebot der Technik ähnlich einfach und sicher wie traditionelles Geld über Onlinekonten genutzt werden.

1.2.1 Bitcoin

Die derzeit wohl bekannteste und auch erste Blockchain-Anwendung ist die Bitcoin. Anfangs kritisch beäugt, etabliert sie sich immer mehr im Finanzsystem. So prüft die Deutsche Börse, ob sie einen Index berechnet, der die Entwicklung der Bitcoin oder anderer Digitalwährungen abbildet[3]. Die Bitcoin-Blockchain verfügt über einen zusätzlichen Sicherheitsmechanismus. Diese asymmetrische Verschlüsselung besteht aus einem öffentlichen Schlüssel, der vergleichbar mit einer Kontonummer ist. Mit dem zusätzlichen privaten Schlüssel werden Transaktionen autorisiert. Er ist mithin vergleichbar der einem Konto-Pin. Transaktionen werden mittels des privaten Schlüssels aus dem digitalen wallet heraus durchgeführt. Einzelne Transaktionen werden zu einem Hash-Wert zusammengefasst. Dieser Hash wird dann als neuer Block der Blockchain hinzugefügt, so das Verzeichnis der Besitzverhältnisse aller Blockchains aktualisiert und die getätigten Transaktionen als „Abschrift" in der Blockchain jeder Bitcoin dokumentiert.

Die Aktualisierung, erfordert eine hohe, exponentiell weiter steigende Rechnerleistung mit entsprechendem Energieaufwand. Der weltweite Stromverbrauch beim Bitcoin-Mining übersteigt bereits den Gesamtverbrauch von Irland[4]. Hintergrund ist der Algorithmus der Bitcoin-Blockchain, der für die Zusammenfügung der einzelnen Transaktionen zu einem neuen Block immer komplexere

---

[3]WirtschaftsWoche (WiWo) Nr. 52 v. 15.12.2107, S. 11.
[4]https://powercompare.co.uk/bitcoin/.

Berechnungen erfordert. Die Berechnung wird von Nutzern im Wettbewerb durchgeführt. Der Nutzer, der die Berechnung zuerst erfolgreich beendet und das Ergebnis als nächsten Block der Blockchain erfolgreich hinzufügt, erhält als Belohnung die von den Nutzern ausgelobte Transaktionsgebühr und eine bestimmte Menge neuer Bitcoins gutgeschrieben. Weil die Berechnungen der Transaktionen in der Bitcoin-Blockchain immer komplexer werden, wächst die Menge der vorhandenen Bitcoins immer langsamer bis sie bei ca. 21 Mio. Stück ihre maximale Anzahl erreicht haben wird. Diese kompetitive Berechnung wird auch Mining genannt. Das Mining kann durch einen Nutzer allein oder durch eine Gruppe von Nutzern erfolgen, die dafür die Rechenleistung ihrer Hardware bündeln (Pielke 2018, S. 235).

1.2.2　Weitere digitale Währungen

Neben der Bitcoin sind zahlreiche, weitere Kryptowährungen entstanden. Hierbei ist zwischen privaten und auch staatlich initiierten Kryptowährungen zu unterscheiden.

Staatlich kreierte Kryptowährungen Als erstes Land hat, soweit ersichtlich, Venezuela mit dem „Petro" eine Kryptowährung emittiert. Diese Währung ist ein Hybrid, denn sie soll Vertrauen durch hinterlegte Rohölbestände erzeugen. Außerdem ist unklar, wie die Verschlüsselung genau funktioniert und ob die Währung überhaupt Merkmale einer Kryptowährung beinhaltet. Neben Venezuela arbeiten auch Russland, China und Schweden[5] an eigenen Kryptowährungen.

Privat kreierte Kryptowährungen Deutlich zahlreicher als von Staaten wurden durch private Initiativen weitere Kryptowährungen erschaffen. Die bekannteste Währung ist hier Ethereum oder Ether. Es gibt mittlerweile über 1000 Alternativen zur Bitcoin. Großteils handelt es sich dabei um Währungen mit einer begrenzten Verbreitung. Auch die Strukturierung ist vielfältig. Nicht bei allen diesen Kryptowährungen ist z. B. die Generierung von neuen Währungseinheiten durch Mining möglich. Auch verfügen sie teilweise über zentrale Clearingstellen; haben also nicht den Vorteil einer dezentralen Organisation wie die Bitcoin-Blockchain.

---

[5]Taz v. 04.04.2018, http://www.taz.de/!5495413/.

1.2.3   Krypto Token

Ein Derivat von Kryptowährungen sind Token, die im Rahmen von Initial Coin Offerins (ICO) begeben werden. Gelegentlich wird die Emission auch als Token Generation Event (TGE) bezeichnet (Hahn und Wons 2018, S. 3). Der Begriff „ICO" ist dem „Intitial Public Offering" (IPO) für die gesetzlich regulierte Emission konventioneller Aktien entlehnt. Im Gegensatz dazu erfolgt die Emission bei einem ICO völlig unreguliert. Dabei dient ICO als Oberbegriff, die offerierten Coins werden auch als Tokens bezeichnet. Gemein ist ihnen, dass es sich jeweils um blockchainbasierte Einheiten einer, individuell für den jeweiligen Zweck des ICO generierten Kryptowährung handelt. Der Zweck kann dabei weit variieren[6]. Man kann grob vier verschiedene Arten von Token unterscheiden (Krüger und Lampert 2018, S. 1155): **Currency Token** sollen wie eine herkömmliche Kryptowährung als Zahlungsmittel für Waren oder Dienstleistungen eingesetzt werden. Ihr Wert beruht allein auf ihrer zukünftigen Verwertbarkeit als Zahlungsmittel. **Utility Token** sollen ihrem Erwerber dagegen einen konkreten und direkten Anspruch auf Waren oder Dienstleistungen einräumen, die durch den Emittenten oder Dritte angeboten werden. Sie sind mit Gutscheinen vergleichbar. **Investment Token** oder auch Dept Token begründen für Ihren Erwerber einen Rückzahlungsanspruch, üblicherweise zu einem späteren Zeitpunkt. Daneben sollen sie auch ein Wertsteigerungspotenzial beinhalten. Sie sind in etwa mit klassischen Finanzinstrumenten, wie z. B. Optionsscheinen vergleichbar. Ein **Equity Token** verschafft seinem Eigner hingegen neben Vermögensrechten, wie z. B. Wertsteigerungspotenzial zusätzlich Gesellschafterrechte, wie z. B. ein Mitbestimmungsrecht. Die Grenzen zwischen den verschiedenen Token-Klassen sind fließend und hängen stark vom Zweck des ICO ab. So können Token z. B. auch nur eingeschränkte Mitbestimmungs- und Informationsrechte gewähren, wenn es sich um klassisches Crowdfunding von Non-Profit-Organisationen handelt. Entsprechend der weiten Ausgestaltungsmöglichkeiten variiert auch die rechtliche Einordnung des ICO und des so emittierten Tokens. Es kommt damit grundsätzlich auf eine **Einzelfallbetrachtung** an.

---

[6]BaFin, https://www.bafin.de/SharedDocs/Veroeffentlichungen/DE/Fachartikel/2017/fa_bj_1711_ICO.html;jsessionid=0B4B75F5DC9CAD0038478A36296F5003.1_cid390.

Einordnung von Kryptowährungen im Steuerrecht

2

Bevor die einzelnen Steuerarten behandelt werden, sollen zwei wesentliche Eigenheiten des Steuerrechts in Bezug auf Kryptowährungen angesprochen werden:

2.1 Keine einheitliche Einordnung

Im Steuerrecht können identische Sachverhalte in den verschiedenen Steuerarten völlig unterschiedlich behandelt werden (Reiling et al. 2017, 2436). Das bedeutet bei Kryptowährungen, dass für jede Steuerart und unter Umständen auch die individuelle Kryptowährung eine andere Qualifikation, z. B. als Währung, Wirtschaftsgut oder Finanzprodukt mit unterschiedlichen steuerlichen Folgen infrage kommt.

2.2 Vorfrage – greift das deutsche Steuerrecht?

Steuerpflichtig in Deutschland ist jeder, der hier seinen steuerlichen Wohnsitz i. S. v. § 8 AO oder aber den gewöhnlichen Aufenthalt i. S. v. § 9 AO hat. Für letztes reicht aus, dass man während des Veranlagungszeitraumes, also des Steuerjahres, mehr als 180 Tage in Deutschland war. Unterfällt man der Steuerpflicht, muss man in Deutschland sein gesamtes Einkommen versteuern, § 1 EStG. Das gilt auch für Einkünfte, die im Ausland erzielt wurden. Ausnahmen von dieser Besteuerung gibt es teilweise durch Doppelbesteuerungsabkommen (DBA), nach denen das Besteuerungsrecht ausschließlich nur einem Land zustehen kann. Dann können Einkünfte nicht in Deutschland steuerpflichtig sein.

© Springer Fachmedien Wiesbaden GmbH, ein Teil von Springer Nature 2018   7
W. Pielke, *Besteuerung von Kryptowährungen*, essentials,
https://doi.org/10.1007/978-3-658-23256-6_2

Beispiel: Optimiertes Mining

Ein deutscher Staatsbürger mit Wohnsitz in Deutschland betreibt auf Island Bitcoin-Mining in der Rechtsform einer isländischen LLC. Weil das Mining aktiv betrieben wird, dürfte es nicht der deutschen Hinzurechnungsbesteuerung gem. § 8 Außensteuergesetz (AStG) unterfallen. Gewinne kann die Gesellschaft dann gemäß des DBA zwischen Deutschland und Island mit einem Einbehalt von 5 % an den deutschen Eigentümer ausschütten, der diese Erträge dann in Deutschland nicht zusätzlich versteuern muss (Lehnen und Bailänder 2017, 22).

Die bestehenden DBA sind ambivalent und regeln die einzelnen Steuertatbestände individuell. Doppelbesteuerungsabkommen können auch umgekehrt dazu führen, dass die Einkünfte im Entstehungsstaat **und** in Deutschland zu versteuern sind, also eine höhere Steuerlast entsteht, als wenn die Einnahmen nur in Deutschland zu versteuern wären.

Beispiel: Teures Wallet

Ein Wallet wird in einem Land gehostet, dass auf Einkünfte aus Kryptowährungen Quellensteuer erhebt. Diese Quellensteuer wäre dann u. U. nicht oder nur teilweise von einer deutschen Steuerlast abziehbar.

Hinzu kommt, dass die Staaten unterschiedlich weit in der Einordnung des neuen Phänomens der Kryptowährungen sind. So hat z. B. das BMF in Österreich bereits eine einheitliche Beurteilung von Kryptowährungen publiziert, während es in Deutschland bisher nur Stellungnahmen zu einzelnen Teilbereichen gibt.

Einkommensteuerrechtliche Behandlung

3

Sofern sie in Deutschland also zu versteuern sind, stellt sich zunächst die Frage nach der ertragsteuerlichen Einordnung digitaler Währungen, also Ihrer Wertung für Zwecke der Einkommensteuer. Die BaFin hat Bitcoins und andere digitale Währungen als Rechnungseinheiten eingestuft, die Devisen gleichgestellt sind.[1] Dieser Einschätzung ist bisher nur die Finanzverwaltung für Nordrhein-Westfalen gefolgt[2]. Das BMF hatte 2013 Bitcoins als Privatgeld und eigenständige Wirtschaftsgüter eingeordnet.[3] Nach Ansicht des hamburgischen Finanzministeriums sind sie eine (nicht näher klassifizierte) „Ersatzwährung".[4] Erworbene Bitcoins sind damit nach der derzeit bekannten Ansicht der Finanzverwaltungen als nicht abnutzbare Wirtschaftsgüter des Anlagevermögens i. S. v. § 23 Abs. 1 Nr. 2 EStG zu behandeln.[5] Sie werden faktisch wie andere Fremdwährungen oder Edelmetalle behandelt. Ob diese Einordnung auch auf andere digitale Währungen

---

[1]Ziff. 2. b) hh) des BaFin-Merkblatts „Finanzinstrumente" v. 20.12.2011, zuletzt geändert am 19.07.2013, https://www.bafin.de/SharedDocs/Veroeffentlichungen/DE/Merkblatt/mb_111220_finanzinstrumente.html.

[2]OFD NRW, Kurzinformation ESt Nr. 04/2018 vom 20.04.2018.

[3]Antwortschreiben des BMF an den Bundestagsabgeordneten Frank Schäffler v. 07.08.2013, Az. IV D3-S 7160-b/0:001, http://www.frankschaeffler.de/wp-content/uploads/2013/08/2013_08_07-Antwort-Koschyk-Bitcoins-Umsatzsteuer.pdf.

[4]Ertragsteuerliche Behandlung des Handels mit Bitcoins auf der privaten Vermögenssphäre, Erlass v. 11.12.2017, Az. S 2256-2017/003-52.

[5]Antwortschreiben des BMF an den Bundestagsabgeordneten Frank Schäffler v. 07.08.2013, Az IV C 1 – S 2256/0-01, http://www.frankschaeffler.de/wp-content/uploads/2013/08/2013_08_07-Antwort-Koschyk-Bitcoins-Besteuerung-Wirtschaftsgut.pdf. Ertragsteuerliche Behandlung des Handels mit Bitcoins auf der privaten Vermögenssphäre, Erlass v. 11.12.2017, Az. S 2256-2017/003-52.

© Springer Fachmedien Wiesbaden GmbH, ein Teil von Springer Nature 2018
W. Pielke, *Besteuerung von Kryptowährungen*, essentials,
https://doi.org/10.1007/978-3-658-23256-6_3

übertragen werden kann, ist angesichts der mittlerweile gestiegenen Bedeutung dieser Assetklasse noch unklar, allerdings sprechen die o. g. Äußerung der Finanzverwaltung Nordrhein-Westfalen und eine jüngere Auskunft des BMF dafür[6].

3.1 Trennung nach privaten und gewerblichen Einkünften

Zunächst ist danach zu trennen, ob die Einkünfte privat oder gewerblich erzielt werden. Diese Einordnung hat maßgeblichen Einfluss auf die Ermittlung der Steuer.

3.1.1 Private Einkünfte

Aufgrund der Einordnung der Kryptowährungen als Wirtschaftsgüter handelt es sich bei den daraus erzielten Einnahmen um **sonstige Einkünfte i. S. v. §§ 22, 23 EStG.** Der Gewinn wird gem. § 4 Abs. 3 EStG als Vergleich der Einnahmen mit den Ausgaben ermittelt (Einnahmenüberschussrechnung). Sofern die Ausgaben überwiegen, kann dieser Verlust mit anderen, sonstigen Einkünften aus dem gleichen Kalenderjahr oder gem. § 23 Abs. 3 EStG mit Gewinnen aus vergangenen oder zukünftigen Jahren verrechnet werden. Letzteres ist ein Verlustvortrag.

Für diese Einkünfte gilt, sofern Sie als private Veräußerungsgeschäfte § 22 Nr. 2 EStG unterfallen, aus § 23 Abs. 3 S. 5 EStG ein **Freibetrag** von 600 €. Sofern die Einkünfte in einem Kalenderjahr 600 € nicht überschreiten, sind sie komplett steuerfrei. Übersteigen die Gewinne 600 €, sind sie ab dem ersten Euro mit dem persönlichen Steuersatz zu versteuern. Darüber hinaus können Gewinne dann steuerfrei sein, wenn bestimmte Haltefristen überschritten wurden. Das wird bei den einzelnen Einkunftsarten näher erläutert.

In manchen Fällen können die Einnahmen auch als Einkünfte aus sonstiger Leistung gem. § 22 Nr. 3 EStG zu werten sein. In diesem Fall beträgt der Freibetrag nur 256 €. Verluste können auch in diesem Fall wie oben dargestellt vor- oder zurückgetragen werden.

Sofern keine Steuerfreiheit greift, ist der Gewinn mit dem **persönlichen Steuersatz** wie andere Einkünfte zu versteuern.

---

[6]Auskunft des BMF an Lisa Paus, MdB, BT-Drucks. 19/370, S. 21.

Das gilt aber **nur dann,** wenn keine andere Einkunftsart einschlägig ist. Das kann z. B. dann der Fall sein, wenn Kryptowährungen nicht direkt, sondern indirekt über einen Broker als Zertifikate auf Bitcoin o. ä. erworben werden. Einkünfte aus solchen Derivaten werden in der Regel als **Einkünfte aus Kapitalvermögen i. S. v. § 20 EStG** zu qualifizieren sein, die pauschal mit 25 % versteuert werden. Ein Abzug von Aufwendungen und Verlusten ist dann über den Sparer-Pauschbetrag gem. § 20 Abs. 9 EStG hinaus nicht möglich. Allerdings greift auch hier ein Freibetrag, der Sparer-Pauschbetrag i. H. v. derzeit 801 €.

3.1.2   Gewerbliche Einkünfte

Einkünfte bleiben nur dann „privat" im Sinne des Steuerrechts, wenn Sie der Verwaltung des eigenen Vermögens dienen[7]. Wird die Beschäftigung mit Kryptowährungen hingegen mit mehr als geringem Aufwand und Umfang betrieben, kann eine gewerbliche Tätigkeit i. S. v. § 15 EStG vorliegen. Das wäre gemäß § 15 Abs. 2 EStG der Fall, wenn die Beschäftigung mit Kryptowährungen mit Gewinnerzielungsabsicht, nachhaltig, durch Teilnahme am wirtschaftlichen Verkehr und selbstständig erfolgt. Die Beurteilung, ob eine Tätigkeit danach gewerblich ist, lässt sich nicht pauschalieren. Die Finanzverwaltung stellt bei der Beurteilung auf das Gesamtbild ab.

Gewinnerzielungsabsicht erfordert die Absicht, Gewinne aus Kryptowährungen erzielen zu wollen. Die Absicht muss nicht Hauptzweck sein. Das dürfte regelmäßig der Fall sein. Etwas anderes gilt allerdings, wenn in den vorausgegangenen Jahren regelmäßig Verluste, z. B. aus Mining, entstanden[8]. In diesem Fall kann das Finanzamt eine sog. Liebhaberei unterstellen, also dass die Tätigkeit gar nicht auf Gewinnerzielung ausgerichtet ist. **Nachhaltigkeit** bedeutet, dass die Tätigkeit auf eine Gewisse Dauer erfolgt. Eine einmalige Investition in Kryptowährungen reicht nicht aus. **Am wirtschaftlichen Verkehr** beteiligt sich jeder, der nach außen erkennbar mit der Absicht, Gewinn zu erzielen, Leistungen oder Güter mit anderen austauscht[9]. Der „wirtschaftliche Verkehr" muss dabei nicht groß sein, es reicht aus, dass man sich in einer kleineren Gruppe betätigt, z. B. in einer Community oder gar nur mit einem Geschäftspartner. Entscheidend ist der

---

[7]R 15.7 Abs. 1 Einkommensssteuer-Richtlinien (EStR) 2012.

[8]H 15.3 Einkommensssteuer-Richtlinien (EStR) 2012.

[9]H 15.4 Einkommensssteuer-Richtlinien (EStR) 2012.

nach außen erkennbare Wille, gewerblich tätig sein zu wollen. **Selbstständig** ist die Betätigung, wenn sie auf eigene Initiative und mit unternehmerischem Risiko erfolgt[10]. Die Bestätigung mit Kryptowährungen muss dazu selbstbestimmt und nicht weisungsgebunden, wie z. B. in einem Angestelltenverhältnis, erfolgen. Der Steuerpflichtige muss selbst entscheiden können und auch die Konsequenzen seine Entscheidung tragen. Dazu ist nicht unbedingt erforderlich, dass er neben dem Gewinn vollständig auch an einem Verlust beteiligt ist.

Auch Einkünfte aus Gewerbebetrieb gem. § 15 EStG sind mit dem **persönlichen Steuersatz** zu versteuern. Die **Folge** der Qualifikation von Einkünften als gewerblich betreffen aber nicht nur die Einkommensteuer. Daneben ist eine **Anmeldung beim zuständigen Gewerbeamt** gem. § 14 Abs. 1 GewO erforderlich. Zusätzlich zur Einkommenssteuer kann auch **Gewerbesteuer** fällig werden (dazu später mehr).

Die **Ermittlung der steuerlichen Einkünfte** richtet sich bei Gewerbetreibenden zunächst nach dem Volumen ihrer Tätigkeit. Wenn dies unter 600.000 € Umsatz bzw. 60.000 € Gewinn liegt, kann die Berechnung, wie bei Privateinnahmen, mit Einnahmen-Überschuss-Rechnung gem. § 4 Abs. 3 EStG erfolgen. Wird das Volumen aber überschritten oder ist der Steuerpflichtige ohnehin im Handelsregister eingetragen, so muss für die Gewinnermittlung eine Handelsbilanz aufgestellt werden. In der Bilanz müssen alle Wirtschaftsgüter die einen Gegenwert haben, bilanziert werden. Bitcoins sind damit gem. §§ 4 Abs. 1, 5 Abs. 1 EStG zu aktivieren.

3.2 Einzelne Tatbestände

Bei den einzelnen Nutzungsvarianten von Kryptowährungen ist wiederum zwischen der gewerblichen und der privaten Nutzung zu unterscheiden. Die nachfolgenden Ausführungen gelten für die unmittelbare Handhabung von Kryptowährungen durch den Steuerpflichtigen. Indirekte Investments in Kryptowährungen, z. B. über Zertifikate oder Fondsstrukturen, sind grundsätzlich individuell zu betrachten und weitgehend ungeklärt (Krauß und Blöchle 2018, S. 1210; Schlund und Pongratz 2018, S. 604).

---

[10]H 15.1 Einkommenssteuer-Richtlinien (EStR) 2012.

3.2.1 Erwerbsvorgänge mit Kryptowährungen

Für **Einkünfte im Privatvermögen** folgt aus der Einordnung als Wirtschaftsgut des Anlagevermögens, dass Kryptowährungen ertragsteuerlich grundsätzlich wie ein Wirtschaftsgut zu behandeln sind. Ihr Erwerb, so er gegen Geld erfolgt, ist als Kauf zu qualifizieren Aus der Einordnung als Wirtschaftsgut folgt auch, dass es unerheblich ist, was für die erlangten Währungseinheiten aufgewendet worden ist. Steuerrechtlich handelt es sich immer um einen Tausch, sei es gegen konventionelle Währungen oder andere Güter.

Das Bezahlen anderer Wirtschaftsgüter oder Dienstleistungen mit Kryptowährungen ist ertragsteuerlich als Verkauf der Kryptowährung zu werten; das erworbene Gut als Gegenleistung für diesen Verkauf.

Ihre Veräußerung unterliegt der Steuerpflicht gem. §§ 22 Nr. 2, 23 Abs. 1 Nr. 2 EStG[11]. Der Ausnahmetatbestand des § 23 Abs. 1 Nr. 2 Satz 2 EStG für Gegenstände des täglichen Gebrauchs ist auf Bitcoins nicht anwendbar (Eckert 2013, S. 2111). Der Gesetzgeber wollte mit dieser Ausnahme allein solche Wirtschaftsgüter aus der steuerlichen Erfassung ausschließen, die objektiv betrachtet typischerweise einem Wertverlust unterliegen und deren Veräußerung deshalb ein Verlustgeschäft ist (Glenk und Ratschow 2018, § 23 Rn. 67).

Die Veräußerung kann allerdings **ggf. steuerfrei** sein. Werden Kryptowährungen erst nach mehr als einem Jahr **Haltedauer** veräußert, muss der Erlös nicht versteuert werden, § 23 Abs. 1 Nr. 2 Satz 2 EStG. Eine Ausnahme gilt für den Fall, dass die Währungseinheiten an andere Nutzer verliehen oder sonst gegen Gebühr überlassen wurden. Eine Veräußerung gem. § 23 Abs. 1 Nr. 2 Satz 4 EStG ist dann erst steuerfrei, wenn die Kryptowährung bereits 10 Jahre gehalten wurde. Angesichts des Alters dieser Währungsklasse – Bitcoins als erste Kryptowährung wurden erstmals 2009 generiert – kommt diesem Befreiungstatbestand derzeit wenig Bedeutung zu.

Fraglich ist die Beurteilung der Haltefrist für die Steuerfreiheit bei mitunter zahlreichen Währungseinheiten in einem Wallet. Es wird gefordert, hierzu die **FiFo-Methode** i. S. v. § 23 Abs. 1 Nr. 2 Satz 3 EStG anzuwenden[12]. Dabei wird unterstellt, dass die zuerst angeschafften Einheiten eines gleichartigen Wirtschaftsgutes – hier also der jeweiligen Kryptowährung – auch zuerst veräußert werden.

---

[11]FinMin Hamburg, Erlass v. 11.12.2017 – S 2256-2017/003-52.

[12]FinMin Hamburg, Erlass v. 11.12.2017 – S 2256-2017/003-52, OFD NRW, Kurzinformation ESt Nr. 04/2018 vom 20.04.2018.

Für die Bewertung der Haltedauer kommt es dann nur noch darauf an, wann wie viele Einheiten erworben und wann veräußert wurden. Unklar ist noch, ob diese FiFo-Methode bezogen auf einzelne Wallets oder auf den Gesamtbestand, der u. U. in mehreren Wallets liegt, anzuwenden ist. Im Interesse der von der Finanzverwaltung angestrebten Vereinfachung sollte hier die gesonderte Betrachtung für jedes einzelne Wallet des Steuerpflichtigen möglich sein (Schlund und Pongratz 2018, S. 604). Die FiFo-Methode dient der Vereinfachung. Statt dieser pauschalen Bewertung kann der Steuerpflichtige wahlweise aber auch die konkrete Haltedauer seiner Währungseinheiten nachweisen. Anders als Fremdwährungen i. S. v. § 23 Abs. 1 Nr. 2 Satz 3 EStG sind einzelne Einheiten einer Kryptowährung identifizierbar. Es kann damit nachgewiesen werden, welche Einheit wann angeschafft bzw. generiert wurde. Für eine analoge Anwendung der FiFo-Methode besteht mithin kein Bedarf. Sofern der Steuerpflichtige also, z. B. anhand von Auszügen aus Wallets oder mittels spezieller Tools (z. B. CoinTracking), nachweisen kann, wie lange er die Währungseinheit besaß, kann die Steuerfreiheit bei entsprechender Haltedauer in Anspruch genommen werden. Das ist freilich ein Aufwand, der sich nur bei werthaltigen Kryptowährungen und nicht unbedingt für jeden Privatanleger lohnt.

Ein steuerpflichtiger Veräußerungsgewinn, bzw. -verlust berechnet sich gem. § 23 Abs. 3 EStG nach dem Unterschied zwischen Anschaffungskosten und Veräußerungspreis der Bitcoins. Für beide Preise können zunächst Tageskurse kommerzieller Tauschbörsen herangezogen werden. Da erfahrungsgemäß manchmal deutliche Unterschiede zwischen den Kursen der einzelnen Tauschbörsen bestehen, sollten zur Ermittlung aus mehreren Tageskursen ein Durchschnittswert gebildet werden.

Sofern Kryptowährungen im **Betriebsvermögen** gehalten werden, handelt es sich bei Veräußerungen um Einkünfte aus Gewerbebetrieb gem. § 15 EStG. Der Erwerb von Kryptowährungen stellt dann gewinnmindernden Aufwand dar. Sofern nicht bilanziert wird, ist der steuerpflichtige Gewinn gem. § 4 Abs. 3 EStG durch Abzug der Anschaffungskosten vom erzielten Gewinn zu ermitteln (Schlund und Pongratz 2018, S. 602). Zur Berechnung können dazu die tatsächlichen Kosten angesetzt werden. Der Veräußerungspreis wäre gem. § 6 Abs. 6 EStG nach dem gemeinen Wert zu bestimmen. Hierzu kann wiederum auf den Tageskurs einschlägiger Internettauschbörsen zurückgegriffen werden (Eckert 2013, S. 2111; Hötzel 2018, S. 143). Bei mehrjähriger Haltedauer der Kryptowährungen ist zum jeweiligen Bilanzstichtag für die aktualisierte Folgebewertung gem. § 256a S. 1 HGB der Mittelwert des auf den einschlägigen Handelsplätzen erzielbaren Verkaufspreises zugrunde zu legen (Hötzel 2018, S. 145).

3.2.2 Trading

Der Handel mit Kryptowährungen ist im privaten Rahmen grundsätzlich steuerfrei, wenn er nicht über die private Vermögensverwaltung hinausgeht. Von einer
gewerblichen Tätigkeit ist aber dann auszugehen, wenn das Trading die reine Verwertung des Vermögens überschreitet. In analoger Anwendung der Grundsätze
zum privaten Wertpapierhandel ist aber auch bei erheblichem Handel von Kryptowährungen nur dann von einer gewerblichen Tätigkeit auszugehen, wenn das
Gesamtbild des Handels noch dem von Privatleuten entspricht (Reiter und Nolte
2018, S. 1183).

3.2.3 Mining

Mining bedeutet das Schürfen neuer Bitcoins als Vergütung für die Zusammen-
fassung eines Transaktionsblocks. Beispielsweise beim Bitcoin-Mining werden
dazu die Transaktionsdaten aller Bitcoin-Transaktionen eines definierten
Zeitabschnittes seit dem letzten Block der Blockchain durch Generierung eines
Hash-Wertes zu einem neuen Block zusammengefasst, der der Blockchain hinzugefügt wird. Dieses Zusammenfassen erfolgt kompetitiv, nur der schnellste Miner
kann seinen Block der Blockchain anfügen. Als Belohnung erhält er dann automatisch eine vorbestimmte Menge Bitcoins[13]. Dazu erhält er noch einen Anteil an
den Transaktionsgebühren, die die Nutzer für die in dem neuen Block zusammen-
gefassten Transaktionen entrichtet hatten. Es werden damit sowohl Dienstleistungen
an einen bestimmten Nutzer (Transaktionsgebühren) als auch an ein amorphes
Netzwerk ohne definierten Empfänger (Mining-Belohnung) erbracht.
   Einkünfte aus Mining stellen kein steuerpflichtiges, privates Veräußerungsge-
schäft nach § 23 Abs. 1 Nr. 2 EStG dar. Hierzu müsste zunächst die Anschaffung
des später veräußerten Wirtschaftsgutes erfolgen. Beim Mining findet keine
solche Anschaffung statt[14]. Allerdings handelt es sich bei Erlösen aus privat
betriebenen Mining nach Ansicht des BMF um steuerpflichtige Einkünfte aus

---

[13]Einsehbar unter www.bitcoinclock.com.

[14]BMF auf eine Anfrage von heise.de, https://www.heise.de/newsticker/meldung/Einkuenf-
te-aus-Bitcoin-Mining-koennen-steuerpflichtig-sein-1981629.html. Ebenso FinMin Hamburg, Erlass v. 11.12.2017 – S 2256-2017/003-52.

sonstigen Leistungen i. S. d. § 22 Nr. 3 EStG[15]. Ob diese Ansicht der Finanzverwaltung Bestand haben wird, ist **fraglich.** Dazu müsste dem Gewinn i. S. v. § 22 Nr. 3 EStG eine irgendwie geartete Leistungsbeziehung zugrunde liegen. Beim Mining ist die Rechenleistung allerdings nur ein und m. E. nicht entscheidender Faktor. Der Erfolg des Minings hängt vom Timing und dem, durch die zentralen Algorithmen der Kryptowährungen gesteuerten Zufall ab (Reiter und Nolte 2018, S. 1181). Es besteht damit keine – für eine Steuerpflichtigkeit nach § 22 Nr. 3 EStG erforderliche – Leistungsbeziehung. Außerdem fehlt ein ebenfalls erforderlicher Leistungspartner, denn das Mining wird nicht gegenüber einer Person, sondern einem amorphen Netzwerk anderer, anonymer User erbracht (Heuel und Matthey 2018, 1053).

Etwas Anderes dürfte aber für den Anteil an den **Transaktionsgebühren** gelten, die der erfolgreiche Miner erhält. Die hierfür erhaltenen Währungseinheiten stehen in einem Gegenleistungsverhältnis – der Validierung der Transaktion für die die Gebühr entrichtet wurde. Damit liegt hier eine Leistungsbeziehung vor die die **Steuerpflicht i. S. d. § 22 Nr. 3 EStG** begründet (Pinkernell 2015, S. 22).

Fraglich ist allerdings, ob das Mining noch als private oder grundsätzlich als steuerpflichtige **gewerbliche Tätigkeit** einzuordnen ist: Aktives Bitcoin-Mining erfordert zeit- und vor allem energie- und hardwareintensive Arbeit. Das aktive Mining kann, aufgrund des damit verbundenen Aufwands, leicht gewerblich i. S. v. § 15 EStG sein. Das ist nach Ansicht der Finanzverwaltung NRW regelmäßig dann der Fall, wenn der Steuerpflichtige erhebliche Mittel in die Anschaffung der Mining-Rechner investiert hat, über die Mining-Rechner frei verfügen kann und die geschürften Währungseinheiten verkauft oder als Zahlungsmittel einsetzt[16]. Die Kosten für das Mining sind dann als Betriebsausgaben vom Gewinn abzugsfähig[17]. Diese Auffassung greift m. E. zu weit, weil sie Konstellationen, in denen das gelegentliche Minen mit aus anderen Gründen vorhandenen Rechnern erfolgt, systemwidrig der privaten Sphäre entreißt. Eine solche, generelle Gewerblichkeit ist deshalb abzulehnen. So gehen auch das BMF und die Hamburgische Finanzverwaltung davon aus, dass privates Mining möglich ist[18].

Es gibt daneben allerdings auch andere Währungen (z. B. Verge), deren Mining (noch) mit relativ wenig Aufwand verbunden ist. In diesen Fällen dürfte

---

[15]Auskunft des BMF an Lisa Paus, MdB, BT-Drucks. 19/370, S. 21.

[16]OFD NRW, Kurzinformation ESt Nr. 04/2018 vom 20.04.2018.

[17]Auskunft des BMF an Lisa Paus, MdB, BT-Drucks. 19/370, S. 22.

[18]Auskunft des BMF an Lisa Paus, MdB, BT-Drucks. 19/370, S. 21; FinMin Hamburg, Erlass v. 11.12.2017 – S 2256-2017/003-52.

erst recht eine private Tätigkeit vorliegen, sofern die oben geschilderten Kriterien für § 15 EStG nicht greifen.

Eine private Tätigkeit mit der Konsequenz steuerfreier Einkünfte für die geschürften Kryptowährungen kann auch beim **Pool- oder Cloud Mining** vorliegen, bei dem der Nutzer seine Infrastruktur gegen Gebühr zur Verfügung stellt. Abhängig vom Umfang und der vertraglichen Ausgestaltung wird aber auch hier, sofern dieses Mining nicht nur gelegentlich erfolgt, das Entgelt als Einkunft aus Gewerbebetrieb zu qualifizieren sein.

3.2.4 Staking

Staking bezeichnet eine andere Variante der Validierung neuer Blöcke einer Kryptowährung (z. B. PIVX). Anders als bei Mining werden hierbei Transaktionen nicht durch aktives Schürfen validiert (Proof of Work), sondern durch Referenz auf bereits vorhandene Einheiten der Kryptowährung (Proof of Stake). Die erforderlichen Währungseinheiten werden von einer Gruppe von Nutzern zur Verfügung gestellt, die dafür neue Währungseinheiten als Gebühr erhalten.

Solche Einkünfte sind **steuerpflichtig gem. § 22 Nr. 3 EStG** zu qualifizieren, sofern die Einkünfte die Freigrenze von 256 € gem. § 22 Nr. 3 Satz 2 EStG überschreiten. Sofern die Transaktionen durch Staking validiert werden, dürfte zudem die zehnjährige die Spekulationsfrist des § 23 Abs. 1 Nr. 2 Satz 4 EStG greifen und eine Steuerfreiheit de facto ausschließen.

Anders als beim Mining können mit Staking keine steuerpflichtigen Einkünfte i. S. d. § 15 EStG generiert werden. Die Einwilligung in die Nutzung der bereits vorhandenen digitalen Währungseinheiten kann das erforderliche Merkmal der aktiven, selbstständigen Tätigkeit nicht erfüllen.

Die Ausführungen zum Staking lassen sich auch auf Einkünfte aus dem Betrieb eines **Masternodes,** wie er für Dash oder PIVX genutzt wird, übertragen. Masternodes übernehmen, vereinfacht beschrieben, die Validierung von Transaktionen gegen Gebühr (Proof of Service). Diese Gebühr ist dann nach den gleichen Grundsätzen eine steuerpflichtige Leistung i. S. v. § 22 Nr. 3 EStG.

3.2.5 Lending

Verbreitet ist auch das Lending, also verleihen von Kryptowährungen, (z. B. automatisiert über Coinlend). Einkünfte aus Lending sind gem. § 22 Nr. 3 EStG steuerpflichtig.

Unklar ist, ob Lending zu einer **Verlängerung der Spekulationsfrist** nach § 23 Abs. 1 S. 1 Nr. 2 S. 4 EStG für die genutzten Währungseinheiten führt. Dadurch wäre ein Verkauf der Währungseinheiten, die für das Lending zur Verfügung gestellt wurden, erst nach Ablauf von 10 Jahren steuerfrei. Die gewichtigeren Argumente, wie die Gesetzeshistorie und der Sinn und Zweck der Vorschrift in Form der Missbrauchsverhütung zur Verhinderung von Steuersparmodellen sprechen jedoch gegen eine solche Verlängerung der Spekulationsfrist (Heuel und Matthey 2018, 1042).

3.2.6 Fork

Eine sog. Fork kann man auch als Abspaltung beschreiben. Dabei wird die Kompatibilität zu einem Kontingent einer Kryptowährung so verändert, dass er mit dem Rest der Währung nicht mehr kompatibel ist. Der abgespaltene Teil bildet damit de facto eine eigene, neue Kryptowährung (z. B. Bitcoin Cash als Abspaltung von Bitcoin). Gründe für die Fork können vielfältig sein, z. B. Verbesserungen in der Verschlüsselung o. ä. Als Ergebnis der Fork erhalten die Anleger eine Gutschrift der neuen Währungseinheiten in Höhe des Umrechnungswertes ihrer bisherigen Kryptowährung.

Für die Einkommensteuer für **private Einkünfte** ist die Abspaltung an sich steuerneutral. Die neuen Währungseinheiten sind keine Kapitalforderungen, die eine Kapitalertragssteuerpflicht gem. § 20 EStG begründen könnten. Auch für eine Steuerpflicht aus § 22 Nr. 3 EStG fehlt es an der erforderlichen Leistungspflicht (Reiter und Nolte 2018, S. 1181).

Fraglich ist allerdings eine Steuerpflicht aus § 23 Abs. 1 Nr. 2 EStG. Danach wären Veräußerungsgewinne aus dem Verkauf der nach der Fork vorhandenen, **neuen** Währungseinheiten zu versteuern. Teilweise wird vertreten, dass auch diese Einkünfte steuerfrei sind (Richter und Augel 2017, S. 1132). Das ist aber im Ergebnis abzulehnen: Durch eine Fork entstandene neue Kryptowährungseinheiten sind wirtschaftlich vergleichbar mit dem Ausgangsbestand. Ihre steuerliche Handhabung ist in etwa vergleichbar mit der von Aktien im Falle eines Aktiensplits. Ein Veräußerungsgewinn aus neuen Kryptowährungseinheiten ist damit genauso steuerbar gem. § 23 EStG wie ein Verkauf oder sonstige Verwertung der alten Kryptowährung. Allerdings gilt auch hier die Spekulationsfrist für eine Steuerfreiheit der Gewinne, und zwar ab dem Erwerb der Ausgangs-Kryptowährung (Reiter und Nolte 2018, S. 1181).

Das greift allerdings nur dann, wenn die Kryptowährung zuvor selbst erworben, also gekauft oder gegen andere Güter eingetauscht wurde. Für Kryptowährungen aus privatem Mining verbleibt es auch nach einer Fork bei der Steuerfreiheit.

Anders als bei Einkünften in der privaten Sphäre, sind die neu erhaltenen Kryptowährungen bei **bilanzierenden Unternehmen** zu bewerten. Für sie gilt der Betriebsvermögensvergleich gem. §§ 4 Abs. 1 S. 1 und 5 Abs. 1 S. 1 EStG. Dafür sind handelsrechtliche Grundsätze anzuwenden. Aus § 246 Abs. 1 S. 1 HGB, bzw. § 264 Abs. 2 HGB für Kapitalgesellschaften folgt, dass die Bilanz eine realistische Übersicht aller verfügbaren Vermögenswerte enthalten muss. Kryptowährungen sind üblicherweise Teil des Umlaufvermögens. Damit müssen sie in der Bilanz ab ihrem Zufluss enthalten sein. Allerdings sind die sowohl alte als auch neue Kryptowährungseinheiten mit dem anteiligen Gegenwert der Anschaffungskosten der alten Kryptowährung zu bilanzieren. Die bereits bilanzierten Anschaffungskosten der alten Kryptowährung sind dazu nachträglich gem. § 255 Abs. 1 S. 3 HGB zu mindern. Im Ergebnis kommt es damit zu keiner steuererheblichen Gewinnrealisierung (Hakert und Kirschbaum 2018, S. 885).

3.2.7 Airdrop

Ähnlich wie bei einem Fork erhält der Nutzer einer Kryptowährung auch bei einem Airdrop Einheiten einer anderen Kryptowährung zugeteilt. Die Zuteilung erfolgt z. B. als Werbung für die so beworbene neu zugeteilte Kryptowährung. Auch Airdrops sind mangels Leistungsverhältnisses nicht gem. § 22 Nr. 3 EStG steuerbar. Auch eine Besteuerung gem. § 23 EstG bei Verkauf scheidet aus, weil keine Wertaufteilung zwischen vorher gehaltenen und durch Aidrop neu zugeteilten Kryptowährungen erfolgt. Der Erwerb ist damit ohne Leistungsbeziehung als Schenkung zu werten (Heuel und Matthey 2018, S. 1049).

3.2.8 Krypto Token

Nicht einheitlich ist hingegen die Situation für im Rahmen von ICOs begebene **Krypto-Tokens.** Im Gegensatz zu anderen Kryptowährungen wie Bitcoin oder Ether haben sie häufig nicht den Charakter eines frei handelbaren Wirtschaftsgutes. Hier muss **auf den Einzelfall abgestellt** werden: Sofern die Token handelbar sind, werden sie wie andere Kryptowährungen auch besteuert.

Bei der Emission von Krypto Token wird häufig ein nennenswerter Anteil anstelle von Lohn an Mitarbeiter des Emittenten abgegeben. Diese Krypto Token können, unabhängig von ihrer Einordnung, beim empfangenden **Arbeitnehmer Sachlohn** darstellen, der gem. §§ 19, 38 EStG mit dem gewöhnlichen Steuersatz zu versteuern wäre. Die Höhe der Steuer bemisst sich an dem Wert der Krypto

Token, der sich am Preis orientieren würde, den Anleger für die Krypto Token zahlen. Je nach Nachfrage kann der zu versteuernde Wert (bei früher Abgabe) nahe Null liegen oder auch mehrere hundert Euro pro Token betragen. Der Emittent kann diese potenzielle Steuerlast seiner Angestellten aber umgehen, wenn er statt der Token zunächst nur Optionsrechte auf den Bezug dieser Token einräumt (Krüger und Lampert 2018, S. 1157).

Für **Privatanleger** werden Krypto Token in der Regel als Wirtschaftsgut gem. §§ 22 Nr. 2, 23 Abs. 1 S. 1 Nr. 2 EStG einzustufen sein, weil er für den Kaufpreis eine Gegenleistung – das dem Token innewohnende, jeweilige Recht – erhält. Das erhaltene Recht muss aber auch tatsächlich verwertbar sein. Eine hypothetische Möglichkeit dürfte nicht ausreichen Ein Gewinn aus der Veräußerung oder Verwertung des Tokens, also auch seinem bestimmungsgemäßen Einsatz, führt dann zu steuerpflichtigem Gewinn (Reiner und Nolte 2018, S. 1184).

Equity Token oder Investment Token könnten im Einzelfall aber auch steuerlich mit konventionellen verbrieften Rechten, Z. B. Optionen o. ä. vergleichbar sein. Damit würden sie, anders als sonstige Kryptowährungen, der Kapitalertragsteuer gem. § 20 Abs. 1 EStG unterfallen. Ein Gewinn als Unterschiedsbetrag zwischen Anschaffungskosten und Veräußerungspreis wäre dann pauschal mit 25 % zu versteuern. Bei der Qualifikation als Kapitaleinkunft kommt es auf die individuelle Ausgestaltung des ICO an, z. B. ob die emittierende Stelle eine Kapitalgesellschaft ist. Eine generelle Aussage ist nicht möglich.

Im **Betriebsvermögen** werden Krypto Token bei bilanzierenden Steuerpflichtigen als erworbene immaterielle Vermögensgegenstände regelmäßig dem Anlagevermögen gem. § 266 Abs. 2A I HGB zuzuschlagen sein, weil sie dem Betrieb des Erwerbers dauerhaft nutzen sollen. Etwas anderes wird für Currency Token gelten, bei denen der Währungscharakter im Vordergrund steht. Sie dürften normalerweise nur auf absehbare Zeit erworben werden und sind damit als sonstige Vermögensgegenstände Teil des Umlaufvermögens gem. § 266 Abs. 2 B II Nr. 4 HGB. Anders werden Token beim **Emittenten** zu bilanzieren sein. Die Token werden in der Regel selbst geschaffen worden sein. Eine Bilanzierung als Anlagevermögen scheidet gem. § 5 Abs. 2 EStG mangels entgeltlichem Erwerb aus. Die Einnahmen aus der Veräußerung der Token im Rahmen des ICO wären dann voll körperschaftssteuerpflichtig. Dem können allerdings Passivposten in der Bilanz entgegengestellt werden, wenn aus den emittierten Token konkrete Ansprüche der Erwerber gegen das Unternehmen folgen die zu einer Vermögensminderung führen, z. B. Ansprüche aus Sachgutscheinen, die der Token beinhaltet oder Rückzahlungsansprüche bei Investment Token. Diese Ansprüche müssen aber bereits beim ICO den Erwerbern zustehen und nicht zusätzlich von in der Zukunft liegenden Faktoren abhängig sein (Krüger und Lampert 2018, S. 1160).

Gewerbesteuer

4

Jede ertragsteuerliche Tätigkeit, die einen gewerblichen Rahmen i. S. v. § 15 EStG erreicht, löst grundsätzlich auch eine Gewerbesteuerpflicht aus, sofern der erzielte Gewinn den gewerbesteuerlichen **Freibetrag** überschreitet. Der beträgt gem. § 11 Abs. 1 S. 1 GewStG für natürliche Personen und Personengesellschaften 24.500 € und für juristische Personen (AG, GmbH, SE, UG) 5000 €.

Der dafür maßgebliche Gewinn, hier als Gewerbeertrag bezeichnet, bemisst nach §§ 6 und 7 GewStG nach dem für die Einkommensteuer festgestellten Gewinn in Verbindung mit dem Hebesatz der jeweiligen Gemeinde, in der man das Gewerbe angemeldet hat. Weil die Gewerbesteuer auf dem bereits ermittelten steuerpflichtigen Gewinn aufbaut, gibt es insoweit keine Besonderheiten für Kryptowährungen. Durchschnittlich kann man in Deutschland von ca. 14 % Gewerbesteuer ausgehen.

© Springer Fachmedien Wiesbaden GmbH, ein Teil von Springer Nature 2018

W. Pielke, *Besteuerung von Kryptowährungen,* essentials,

https://doi.org/10.1007/978-3-658-23256-6_4

Umsatzsteuer 5

Für die Umsatzsteuer ergibt sich ein anderes Bild als bei der Einkommenssteuer. Umsatzsteuerlich sind Kryptowährungen wie herkömmliches Geld zu behandeln. Im Wesentlichen fällt Umsatzsteuer nur bei Unternehmern an. Die Unternehmereigenschaft im Umsatzsteuerrecht gem. § 2 Abs. 1 UStG hat aber andere Anforderungen als die gewerbliche Tätigkeit i. S. v. § 15 EStG. Umsatzsteuerlich ist man bereits steuerpflichtiger Unternehmer, wenn man eine gewerbliche oder sonst berufliche Tätigkeit selbstständig ausübt, die nachhaltig und mit auf gewisse Dauer angelegt ist. Anders als im Einkommensteuerrecht reicht für die umsatzsteuerliche Unternehmereigenschaft gem. § 2 Abs. 1 UStG aus, dass man Einnahmen erzielen will. Ein Gewinn muss ausdrücklich nicht beabsichtigt sein. Hierunter fallen auch nebenberufliche Tätigkeiten. Sofern die Umsätze allerdings die Grenze von 17.500 € nicht übersteigen kann man die Kleinunternehmerregelung gem. § 19 UStG beantragen. Sofern deren Voraussetzungen erfüllt sind, können dann steuerpflichtige Umsätze ohne Abzug der Umsatzsteuer abgerechnet werden.

5.1 Bitcoin als Zahlungsmittel

Nach derzeitiger Gesetzeslage, die in § 4 Nr. 8 b UStG ausdrücklich auf gesetzliche Zahlungsmittel abstellt, wären Bitcoins und andere Kryptowährungen nicht als Zahlungsmittel zu werten. Dem steht aber die Entscheidung des EuGH v. 22.10.2015 (Az. C-264/14, Hedqvist) entgegen. Das Gericht hatte auf eine schwedische Vorlage entschieden, dass der Umtausch von Bitcoins in konventionelle Währung steuerfrei gem. Art. 135 Abs. 1 Buchst. e der auch für die deutsche Umsatzsteuer maßgeblichen Mehrwehrtsteuersystemrichtlinie

© Springer Fachmedien Wiesbaden GmbH, ein Teil von Springer Nature 2018
W. Pielke, *Besteuerung von Kryptowährungen*, essentials,
https://doi.org/10.1007/978-3-658-23256-6_5

(MwStSystR) ist. Bitcoins sind damit Entgelt i. S. d. § 10 Abs. 1 S. 2 UStG und wurden insoweit konventionellen Fremdwährungen gleichgestellt. Umsätze sind als einheitliche Lieferung bzw. sonstige Leistung gegen Entgelt gem. § 1 Abs. 1 Nr. 1 UStG zu behandeln. Der deutsche Gesetzgeber hat zwar den Wortlaut des UStG noch nicht angepasst – hiernach wären Kryptowährungen immer noch nicht erfasst. Allerdings wurde ein BMF-Schreiben veröffentlicht, dass die Finanzverwaltung bundesweit dahin bindet, das Urteil des EuGH umzusetzen[1].

Rechnungen können damit i. S. v. § 14 Abs. 4 Nr. 7 UStG steuerkonform in Bitcoin ausgestellt werden, so, wie dies bereits bisher in anderen Fremdwährungen möglich war. Dabei gibt es die praktische Herausforderung der Umrechnung gem. § 16 Abs. 6 UStG, denn abzuführen ist die Steuer immer in Euro. Im Vergleich zu anderen Fremdwährungen, mit denen Kryptowährungen gleichzubehandeln sind, existiert für Kryptowährungen keine amtliche Umrechnungstabelle des BMF i. S. v. § 16 Abs. 6 S. 1 UStG. Die Steuer soll nach den Vorstellungen der Finanzverwaltung zum Leistungszeitpunkt berechnet werden[2]. Den zu ermitteln wird angesichts der teilweise deutlichen Wertdifferenzen an nur einem Handelstag und zwischen den einzelnen Handelsplätzen schwierig (Liegmann 2018, S. 1178). Es reicht aber aus, wenn der Nachweis des Wechselkurses durch Beleg, z. B. Ausdruck eines Kurses eines gängigen Marktplatzes für die Kryptowährung für den Leistungszeitpunkt oder zumindest dessen zeitliche Nähe erbracht werden kann[3]. Dieser Nachweis des Wechselkurses wäre dann ein Kurszettel i. S. d. § 16 Abs. 6 S. 3 UStG und kann zur Berechnung der Umsatzsteuerschuld herangezogen werden.

Hinweis: Der Nachweis durch einen Kurszettel gem. § 16 Abs. 6 S. 3 UStG muss das Finanzamt auf Antrag gestatten. Da ein anderer Nachweis als durch Kurszettel nicht möglich ist, wird das Ermessen des Finanzamts insoweit eingeschränkt (Pielke 2018, S. 236).

Abweichend ist die Behandlung von Sachverhalten mit Auslandsbezug, insbesondere wenn der Ort der zu versteuernden Leistung gem. § 3a UStG im Ausland liegt. In diesen Fällen soll die Berechnung der zu zahlenden Umsatzsteuer nach der Umrechnung der Kryptowährung in die konventionelle Währung des Leistungsortes erfolgen. Anwendbar dürfte diese Forderung der Finanzverwaltung nur auf Umsätze in Kryptowährungen sein, bei denen der inländische

---

[1]BMF-Schreiben vom 27.02.2018, Az. III C 3 – S 7160-b/13/10001.
[2]Ziffer I BMF-Schreiben vom 27.02.2018, Az. III C 3 – S 7160-b/13/10001.
[3]Ziffer I BMF-Schreiben vom 27.02.2018, Az. III C 3 – S 7160-b/13/10001.

Leistungsempfänger im Wege des Reverse Charge-Verfahrens gem. § 13b UStG ausnahmsweise Schuldner der Umsatzsteuer ist und z. B. bei elektronischen, sonstigen Kommunikationsleistungen i. S. v. § 3 Abs. 5 UStG an Verbraucher in anderen EU-Staaten der Fall sein (Liegmann 2018, S. 1178). Leistungen i. S. v. § 3a Abs. 5 UStG können beim Cloud Mining und Pool Mining vorliegen, wenn die Server des Betreibers im Ausland stehen oder dieser von dort sein Unternehmen betreibt.

5.2   Mining

Auf selbst betriebenes Mining (Solo Mining) fällt Umsatzsteuer nicht an. Dafür wäre, ähnlich wie bei der Einkommenssteuer, ein Leistungsaustausch erforderlich. Hinsichtlich des eigentlichen Minings mangelt es aber an einem Austauschverhältnis i. S. v. Abschn. 1.1 Abs. 1 S. 1 UStAE[4]. Gleiches gilt für die Dienstleistungskomponente, bei der der konkrete Leistungsempfänger nicht zu identifizieren ist.

Anderes dürfte gelten, wenn der Nutzer das Mining nicht selbst betreibt, sondern als Pool- oder Cloud Mining im Verbund mit anderen Nutzern durch Bereitstellen von Rechenleistung. Das Mining erfolgt dann nicht selbst, sondern durch andere Nutzer, die sich der zur Verfügung gestellten Rechenleistung bedienen. Die Beteiligung an den neu geschürften Bitcoins des eigentlichen Miners wäre eine steuerbare Vergütung der zur Verfügung gestellten Rechenleistung. Je nach Ausgestaltung der Dienstleistung dürfte auch der Vertragspartner bekannt sein (Pielke 2018, S. 236). Damit können Einkünfte aus Pool- oder Cloud-Mining der Umsatzsteuer unterliegen. Das kommt jedoch neben der vertraglichen Ausgestaltung darauf an, ob die Überlassung der Rechenleistung nachhaltig im Sinne von § 2 Abs. 1 UStG ausgestaltet ist, also nicht nur gelegentlich erfolgt.

5.3   Übertragbarkeit auf andere Kryptowährungen

Die umsatzsteuerliche Einordnung der Bitcoins durch den EuGH ist auf andere Blockchain-Anwendungen nicht uneingeschränkt übertragbar.

---

[4]Ziffer I a BMF-Schreiben vom 27.02.2018, Az. III C 3 – S 7160-b/13/10001.

5.3.1   Andere Digitalwährungen

Die Ausführungen zu Bitcoins sind auf andere digitale Währungen grundsätzlich übertragbar. Der EuGH hatte in seiner Entscheidung klargestellt, dass nichtstaatliche Währungen den konventionellen staatlichen Währungen gleichzustellen sind (Pielke 2016, S. 151). Die Entscheidung ist damit auf alle digitalen Währungen anwendbar, die dem Zahlungsaustausch dienen (Beer 2018, S. 860). Dieser Sichtweise hat sich mittlerweile auch die Finanzverwaltung angeschlossen[5].

Nicht anders als das Bitcoin-Mining ist das Staking zu bewerten. Auch dieses Bereitstellen erfolgt an ein anonymes, automatisiertes Netzwerk, das mithilfe der gegebenen Währungseinheiten die Transaktionsvalidierung per Algorithmus berechnet. Die Steuerbarkeit nach UStG dürfte damit regelmäßig damit an den gleichen Gründen scheitern. Sofern mit dem Mining oder vergleichbaren Dienstleistungen jedoch gegenüber konkreten Empfängern gegenüber Leistungen erbracht werden, kann, je nach Ausgestaltung der Kryptowährung, ein umsatzsteuerpflichtiger Leistungsaustausch doch vorliegen (Liegmann 2018, S. 1178).

5.3.2   Krypto Token

Anderes gilt für Krypto Token. Mit Ausnahme der Currency Token, bei denen der Währungscharakter im Vordergrund steht, werden sie eher den Charakter eines Zertifikates als einer Währung haben. Auf diese Gruppe der Blockchain-Anwendungen ist die Argumentation des EuGH (Urt. v. 22.10.2015, Az. C-264/14, Hedqvist, Rn. 53) zur Steuerfreiheit nicht anwendbar, denn diese knüpft gerade an den Charakter als Zahlungseinheit an.[6] Außerdem sind bei Krypto Token die Beteiligten der Leistungsbeziehung bekannt. Verkäufe von Krypto Token sind damit steuerbare sonstige Leistungen i. S. v. §§ 1 Abs. 1 Nr. 1, 3 Abs. 9 UStG (Pielke 2018, S. 237).

---

[5]Ziffer II BMF-Schreiben vom 27.02.2018, Az. III C 3 – S 7160-b/13/10001.
[6]EuGH, Hedqvist (Fn. X) Rn 53.

Erb- und Schenkungssteuer

6

Auch für Erbschafts- und Schenkungssteuer sind Besonderheiten bezüglich der Kryptowährungen zu beachten.

6.1 Schenkung/Erbschaft nach deutschem Steuerrecht

Sowohl Erbschaften als auch Schenkungen folgen im deutschen Steuerrecht dem gleichen System des ErbStG. Für eine steuerpflichtige, unentgeltliche Zuwendung im Sinne von § 7 Abs. 1 Nr. 1 ErbStG ist erforderlich, dass dem Vermögenszuwachs beim Beschenkten ein Vermögensabfluss beim Schenkenden gegenübersteht. Sofern der individuelle **Freibetrag** gem. § 16 ErbStG überschritten wird, ist die Erbschaft bzw. Schenkung steuerpflichtig.

Eine solche Zuwendung wird regelmäßig bei einer Schenkung oder Vererbung von Kryptowährungen vorliegen. Zu beachten ist bei Schenkungen zunächst die **wertunabhängige Anzeige beim Finanzamt** gem. § 30 Abs. 1 und 2 ErbStG.

Beispiel: Die Bitcoin-Erbschaft

A erbt von seinem Vater Bitcoin im Wert von 20.000 €. Da der Freibetrag für leibliche Kinder gem. § 16 Abs. 1 Nr. 2 ErbStG 400.000 € beträgt, fällt keine Erbschaftsteuer an.

Auch im Zusammenhang mit einer Fork oder einem AirDrop ist zunächst an eine Schenkung zu denken, weil der Besitzer einer Kryptowährung dabei unentgeltlich neue Währungseinheiten erhält. Diesem Zufluss steht aber kein Abfluss bei einem Schenker gegenüber, denn die neuen Einheiten werden durch das Netzwerk

© Springer Fachmedien Wiesbaden GmbH, ein Teil von Springer Nature 2018

W. Pielke, *Besteuerung von Kryptowährungen*, essentials,

https://doi.org/10.1007/978-3-658-23256-6_6

automatisch für den an der Fork teilnehmenden Nutzer generiert. Sie befanden sich nicht in einem anderen Vermögen, aus dem sie abfließen könnten. Der Zufluss aus einer Fork ist damit nicht schenkungssteuerpflichtig (Hakert und Kirschbaum 2018, S. 882).

Schließlich ist die **Bewertung** einer Schenkung/Erbschaft von Kryptowährungen vorzunehmen. Hierfür ist das Stichtagsprinzip anzuwenden. Maßgeblich ist der Wert zum Zeitpunkt der Schenkung/Erbschaft.

Hinweis: Für Schenkungen sollte deshalb genau auf den Wechselkurs der Kryptowährung geachtet werden, um einen für die Bewertung der Schenkung möglichst niedrigen Wert zugrunde legen zu können.

Eine Bewertung wie Wertpapiere und andere Kapitalinvestments gem. § 11 Abs. 1 Satz 1 Bewertungsgesetz (BewG) wäre allenfalls für Krypto Token in Ihrer Ausgestaltung als Investment oder Equity Token denkbar, scheitert aber daran, dass Token nicht an einer regulären Börse gehandelt werden und allenfalls eine Option auf Gesellschafterrechte begründen (Liegmann 2018, S. 1183). Eine Bewertung muss deshalb gem. § 9 Abs. 1 BewG nach dem *gemeinen Wert* erfolgen. Ein solch einheitlicher Wert müsste als Durchschnitt aller Wechselkurse zum Übertragungszeitpunkt ermittelt und gebildet werden. Das wird aber angesichts der derzeit noch unübersichtlichen Landschaft der Handelsbörsen für Kryptowährungen schwer zu bewerkstelligen sein.

Deshalb muss gem. § 9 Abs. 2 BewG der zum Zeitpunkt der Schenkung bzw. Erbschaft *erzielbare Preis* der Kryptowährungen zugrunde gelegt werden. Als Nachweis können dazu die auf den einschlägigen Tauschbörsen erzielbaren Preise verwendet werden. Eine abschließende Übersicht wird hierfür nicht erforderlich sein. Auch hier sollte die Quelle für die Wertermittlung dokumentiert werden.

Unklar ist, ob Kryptowährungen im **Betriebsvermögen** bei einer Erbschaft zum sogenannten privilegierten und damit steuerbefreiten Betriebsvermögen gem. § 13a und b ErbStG zählen, oder begünstigungsschädliches und damit steuerpflichtiges Verwaltungsvermögen sind. Letzteres wäre der Fall, wenn Kryptowährungen unter § 13b Abs. 2 Nr. 4 oder 5 ErbStG als Wertpapiere, Forderungen oder Finanzmittel zu qualifizieren sind. Eine solche Einordnung wird für gewöhnliche Kryptowährungen auszuschließen sein, denn sie sind strukturell verschieden zu den im ErbStG genannten Anlageformen (Reiter und Nolte 2018, S. 1183). Etwas anderes wird allenfalls für Investment Token gelten, die eine definierte Forderung gegen den Emittenten des ICO begründen. Diese Token werden ausnahmsweise als steuerpflichtige Finanzanlagen i. S. v. § 13b Abs. 2 Nr. 5 ErbStG zu werten sein. Allerdings stellt sich auch hier die Frage des Wertnachweises.

6.2   Erbschafts- und Schenkungssteuer bei Auslandsbezug

Häufiger als andere Steuerarten weist das Erbschaftsteuerrecht Auslandsbezüge auf. Diese Bezüge müssen nicht zwangsläufig Einfluss auf die deutsche Steuerpflicht haben. Solange der Erblasser/Schenker oder der Erbe/Beschenkte seinen Wohnsitz gem. § 8 AO oder gewöhnlichen Aufenthalt gem. § 9 AO in Deutschland haben, unterliegt der Sachverhalt auch dem deutschen ErbStG. Daran würde auch eine Verlegung des Wohnsitzes in das Ausland gem. § 2 Abs. 1 Nr. 1 Buchst. b) ErbStG nichts ändern, wenn dieser Wechsel weniger als fünf Jahre zurückliegt.

Besteht hingegen kein Wohnsitz oder Aufenthalt in Deutschland, fällt auch keine deutsche Steuer an. Das gilt auch, wenn die Kryptowährung in einem deutschen Wallet gehalten wird. Eine Steuerpflicht in den Wohnsitz- oder Aufenthaltsstaaten der Beteiligten sollte aber in jedem Fall geprüft werden.

Steuerliche Risiken von Kryptowährungen

7

Abseits der generellen Einordnung der Kryptowährungen in das System des deutschen Steuerrechts lauern Risiken, die aus falsch verstanden Eigenschaften dieser neuen Währungen und der Strenge des Steuerrechts resultieren.

7.1 Anonymität der Kryptowährungen

Kryptowährungen sind weitgehend anonym handhabbar. Weder für den Besitz noch für Transaktionen muss man den Klarnamen verwenden. Nicht zuletzt deswegen haben Sie den Ruf, vorwiegend für kriminelle Aktivitäten zu dienen.

Diese Anonymität bieten Kryptowährungen nur auf den ersten Blick. Ein Risiko liegt in der Struktur der Blockchain selbst begründet. Diese beinhaltet in jeder Währungseinheit, z. B. der Bitcoin-Blockchain, ein Verzeichnis aller bisherigen Transaktionen mit Daten der einzelnen Bitcoins und der Transaktionsteilnehmer. Die Blockchain ist damit vergleichbar mit einer riesigen Steuer-CD, die für die Finanzverwaltung frei zugänglich ist. Kann sie ein Wallet einer realen Person zuordnen ist es theoretisch möglich, alle Transaktionen zu rekonstruieren, an denen diese Person beteiligt war.

Ein weiterer Zweifel an der Anonymität folgt aus den Ermittlungsmöglichkeiten der Finanzverwaltung. Sie kann z. B. an die Anbieter von Handelsplätzen mit Auskunftsverlangen herantreten, wie der Fall Coinbase zeigt. Der Handelsplatz musste der amerikanischen Steuerbehörde IRS die Daten von 14.000 Nutzern herausgeben. Diese Daten kann die deutsche Finanzverwaltung im Rahmen der bestehenden internationalen Abkommen zum Informationsaustausch anzapfen und verwerten (Kraft et al. 2017 S. 2243). Auch können Ermittler, durch gezielte Kontaktaufnahme oder Nutzung übernommener, bereits ermittelter

© Springer Fachmedien Wiesbaden GmbH, ein Teil von Springer Nature 2018   31
W. Pielke, *Besteuerung von Kryptowährungen*, essentials,
https://doi.org/10.1007/978-3-658-23256-6_7

Nutzerprofile Indizien sammeln, um die wahre Identität von Nutzern zu ermitteln (Krause 2018 S. 680).

7.2   Steuerhinterziehung mit Kryptowährungen

Bei der Steuererklärung ist zu beachten, dass dem Finanzamt Einkünfte aus Bitcoin, anders als z. B. Kapitaleinkünfte aus Zinsen und Aktien, regelmäßig nicht bekannt sein werden. Jeder Bürger ist damit verpflichtet, diese Einkünfte, wenn sie zu versteuern sind, aktiv dem Finanzamt zu melden. Wer Umsätze mit Bitcoins nicht versteuert, kann sich strafbar machen. Dabei ist zwischen der Steuerverkürzung gem. § 378 AO, bei der die Steuererklärung leichtfertig vergessen wurde und der absichtlichen Steuerhinterziehung gem. § 371 AO zu unterscheiden. Während die Steuerverkürzung eine Ordnungswidrigkeit darstellt, handelt es sich bei der Steuerhinterziehung um eine Straftat mit entsprechend größerem Strafrahmen.

> **Beispiel: Aktive Steuerhinterziehung**
>
> A hat Einkünfte aus Kurssteigerungen von Bitcoin erzielt. Das Bitcoin-Wallet richtete er absichtlich unter einem Pseudonym ein und nutzte zusätzlich das Tor-Netzwerk, um seinen Besitz und Einkünfte aus Bitcoins zu verschleiern. In seiner Steuererklärung gibt A die Einkünfte nicht an und hat sich damit der Steuerhinterziehung gem. § 370 Abs. 1 Nr. 1 AO strafbar gemacht.

Entgegen einer verbreiteten Meinung ist aber nicht nur das aktive Verschleiern von Einkünften aus Kryptowährungen strafbar. Eine Steuerhinterziehung kann auch der verwirklichen, der Einkünfte aus Kryptowährungen dem Finanzamt gegenüber verschweigt, weil er davon ausgeht, dass das Finanzamt diese Einkünfte nicht entdecken kann. Dieser sog. Eventualvorsatz reicht für eine Steuerhinterziehung aus. Die Abgrenzung zur leichtfertigen Steuerverkürzung ist im Einzelfall schwierig. Im Zweifel wird das Finanzamt von einer Steuerhinterziehung ausgehen.

> **Beispiel: Steuerhinterziehung durch Unterlassen**
>
> A führt sein Wallet bei einem kommerziellen Anbieter unter seinem Klarnamen. In seiner Steuererklärung verschweigt er die Einkünfte aus dem Handel mit Ether. A hat sich damit der Steuerhinterziehung durch Verschweigen von Tatsachen gem. § 370 Abs. 1 Nr. 2 AO strafbar gemacht.

Ein besonderer Fall ist die Nutzung der vorausgefüllten Steuererklärung via Elster oder über kommerzielle Programme. Dabei werden von der Finanzverwaltung die Daten des Steuerpflichtigen bereitgestellt, die dieser dann nur noch als Steuererklärung einreichen muss. Auch hier gilt, dass die der Finanzverwaltung unbekannten Einkünfte aus Kryptowährungen zusätzlich erklärt werden müssen.

Hinweis: Sofern unklar ist, ob Einkünfte aus Kryptowährungen in Deutschland zu versteuern sind, sollte deshalb im Zweifel immer der Sachverhalt gegenüber dem Finanzamt in der Steuererklärung offengelegt werden. Dafür reicht es aus, den Sachverhalt und die Höhe der Einkünfte formlos mit der Steuererklärung mitzuteilen.

Die Folgen einer Steuerhinterziehung können gravierend sein. Während für geringe Hinterziehungsbeträge zusätzlich zur Steuer Geldstrafen fällig werden, kann bei einem besonders schweren Fall der Steuerhinterziehung gem. § 370 Abs. 3 Satz 2 Nr. 1 AO regelmäßig auch eine Gefängnisstrafe zur Bewährung verhängt werden. Ein solch besonders schwerer Fall wird von Gerichten ab einer Hinterziehung von mehr als 50.000,00 € angenommen. Ab einer hinterzogenen Summe von mehr als 100.000,00 € wird regelmäßig keine Bewährung, auch ohne Vorstrafen, in Betracht kommen.

Hinzukommt, dass Steuerstraftaten, anders als gewöhnliche Nachforderungen des Finanzamts, sehr lange nachträglich verfolgt werden können. Die Verjährungsfrist beträgt für einfache Hinterziehungen fünf Jahre gem. § 169 Abs. 2 Nr. 2 Satz 2 AO und § 78 Abs. 3 Nr. 4 StGB. Für schwere Steuerhinterziehung beträgt sie gem. § 376 Abs. 1 AO bis zu zehn Jahre. Die Fristen beginnen jeweils mit Erhalt der Steuerbescheide mit der zu niedrig festgesetzten Steuer. Das Finanzamt wird die Steuerbescheide erfahrungsgemäß erst bis zu ein Jahr (oder länger) nach Ende des Kalenderjahrs der fraglichen Einnahmen versenden. Die Verjährungsfrist verlängert sich dann entsprechend.

> **Beispiel: Der lange Atem des Finanzamts**
>
> A erzielte 2010 Einkünfte aus Bitcoin in Höhe von 10.000 €, die er absichtlich nicht in seiner Steuererklärung angab. Das Finanzamt hat ihm dann Anfang 2012 den Steuerbescheid ausgestellt. Sollte die Steuerfahndung 2021 von diesen Einkünften erfahren, könnte A noch wegen Steuerhinterziehung belangt werden, weil die Verjährungsfrist erst 2022 abläuft.

Sobald offenbar wurde, dass eigentlich fällige Steuern nicht gezahlt wurden, kann eine **Selbstanzeige** Abhilfe schaffen. Die Selbstanzeige gem. § 371 AO betrifft aber nur den strafrechtlichen Teil. Die hinterzogene Steuer muss in jeden Fall erstattet werden. Eine Selbstanzeige verhindert auch nur dann eine Bestrafung, wenn die Steuerhinterziehung nicht schon entdeckt wurde. Analog den Fällen aufgekaufter Steuer-CDs ist das dann problematisch, wenn bekannt wird, dass z. B. ein Handelsplatz für Bitcoins seine Nutzerdaten herausgeben musste, aber noch unklar ist, ob die Finanzverwaltung auch die Daten einzelner Nutzer kennt. In diesen Fällen ist eine schnelle Selbstanzeige gleichwohl ratsam. Selbst, wenn die Strafe nicht völlig vermieden werden kann, wirkt die Selbstanzeige in jedem Fall strafmildernd und damit schadensbegrenzend.

Die offensichtliche Unsicherheit der Finanzämter bei der Behandlung von steuererheblichen Einkünften aus Kryptowährungen führt für deren Nutzer zu zwei Konsequenzen:

8.1 Verbindliche Auskünfte des Finanzamts

Zunächst kann das Finanzamt bei Unsicherheiten über die Versteuerung von Kryptowährungen zur Auskunft verpflichtet werden.

Bei Unklarheiten über die Anwendung von Steuergesetzen kann gem. § 89 Abs. 2 AO vom Finanzamt eine verbindliche Auskunft beantragt werden. Das Finanzamt muss dann erläutern, wie es den Sachverhalt steuerlich beurteilen will und sich bei der Besteuerung dann auch daran halten. Die verbindliche Auskunft ist nur in eigenen Steuersachen zulässig. Sie kann also nicht allgemein oder für einen anderen Steuerpflichtigen eingeholt werden.

Beispiel: Verbindliche Auskunft nach § 89 Abs. 2 AO

Die Frage, ob beabsichtigte Einkünfte aus dem Mining von Kryptowährungen privat i. S. v. § 22 EStG oder bereits gewerblich i. S. v. § 15 EStG sind, ist sehr stark einzelfallabhängig und kann bei falscher Einordnung zu nennenswerten Steuernachforderungen führen. Diese Unsicherheit kann durch eine vorher eingeholte verbindliche Auskunft beseitigt werden.

Für lohnsteuerliche Sachverhalte können Arbeitgeber eine Anrufungsauskunft gem. § 42e EStG an das Finanzamt richten. Das Finanzamt muss dann verbindlich mitteilen, wie der Sachverhalt zu werten ist. Anders als bei der verbindlichen

© Springer Fachmedien Wiesbaden GmbH, ein Teil von Springer Nature 2018   35
W. Pielke, *Besteuerung von Kryptowährungen,* essentials,
https://doi.org/10.1007/978-3-658-23256-6_8

Auskunft gem. § 89 Abs. 2 AO gilt die Anrufungsauskunft nach § 42e EStG für alle Arbeitnehmer der Anfragenden.

> **Beispiel: Anrufungsauskunft nach § 42e EStG**
>
> Unternehmer A möchte seinen Mitarbeitern im Rahmen eines Incentive Krypto Token aus einem von ihm durchgeführten ICO zukommen. Inwieweit A für diese Token Lohnsteuer abführen muss, kann er durch eine Anfrage gem. § 42e EStG klären.

Auskünfte werden vom Finanzamt **nur für die Zukunft** erteilt. Es können also nur steuerliche Fragen beantwortet werden, die zukünftig entstehen werden. Diese Fragen müssen möglichst genau gestellt werden. Unklare Fragestellungen können dazu führen, dass das Finanzamt bei auch nur geringen Abweichungen nicht mehr an eine gegebene Auskunft gebunden wäre.

8.2   Steuererklärung

Die **privaten Einkünfte** aus Kryptowährungen werden als sonstige Einkünfte mit der **Anlage SO** zur Steuererklärung eingereicht. Sofern die Einkünfte z. B. aus Krypto Token, als Einkünfte aus Kapitalvermögen gem. § 22 EStG zu qualifizieren sind, muss dafür die **Anlage KAP** genutzt werden. Bei allen Erklärungen sollten die Grundlagen der Einkünfte oder Verluste ausführlich erklärt und diese **Dokumentation** ebenfalls eingereicht werden. Andernfalls drohen mit hoher Wahrscheinlichkeit Nachfragen, die die Bescheidung der Steuererklärung verzögern können.

Auch, falls sich Kryptowährungen oder -Token im Besitz befinden, aus denen keine Einkünfte generiert wurden, sollte dies gleichwohl vorsorglich dem Finanzamt angezeigt werden. Das gilt insbesondere für Grenzfälle, in denen zu versteuerndes Einkommen angenommen werden kann.

> **Beispiel: Dokumentation ist alles**
>
> A hat aus der Veräußerung von Bitcoin einen Gewinn generiert. Diesem Gewinn stehen aber Kosten gegenüber, die den Gewinn übersteigen. Das können z. B. Gebühren bei Erwerb oder ein ungünstiger Wechselkurs sein, sodass A der Ansicht ist, gar keinen steuerpflichtigen Gewinn realisiert zu haben. Das Finanzamt kann jedoch diese Bewertung durch A nicht anerkennen. Sofern das Finanzamt die Bewertung durch A nicht anerkennt und die Anzeige der Einkünfte unterblieb, könnte damit ein Steuervergehen oder gar eine Steuerstraftat vorliegen.

Gewerbliche Einkünfte müssen durch den Steuerpflichtigen, wie andere Einnahmen auch, in der **Anlage G** erklärt werden. Auch hier sollten die zugrunde gelegten Kurse möglichst umfangreich dokumentiert und der Steuererklärung beigefügt werden. Für die Gewerbesteuererklärung bestehen keine Besonderheiten durch Kryptowährungen, weil diese Erklärung auf den in der Einkommensteuererklärung ermittelten Werten aufbaut. Sofern die Einkünfte über eine juristische Person erfolgen, werden sie im Rahmen der gewöhnlichen Körperschaftssteuererklärung deklariert.

Ausblick und Fazit 9

Diese Darstellung der Besteuerung von Kryptowährungen ist nur eine Moment-aufnahme. Der deutsche Gesetzgeber weiß das Phänomen der neuen digitalen Währungen noch nicht einzuordnen.[1] Die deutsche Finanzverwaltung ist sich deshalb auch noch unsicher, wie sie mit Kryptowährungen umgehen soll. Allein für das Umsatzsteuerrecht existiert ein BMF-Schreiben, dass zu einer bundeseinheitlichen Besteuerung führen soll. Das Schreiben ist eine Reaktion auf die Vorgaben des EuGH und beantwortet nicht alle Fragen. Der europarechtswidrige Wortlaut des § 4 Nr. 8 Buchst. b UStG wurde aber noch nicht so geändert, dass er Kryptowährungen mit einschließt. Zu den anderen Steuerarten existieren Erlasse einzelner Länderfinanzverwaltungen, die nur regionale Bindungskraft entfalten. Derzeit sind auf zwei Ebenen Änderungen absehbar:

Auf europäischer Ebene wird an einer einheitlichen Grundlage der Besteuerung von Kryptowährungen gearbeitet. Dazu laufen die Abstimmungen zwischen den Mitgliedsstaaten. Es ist aber noch unklar, wann hier mit Resultaten zu rechnen ist.

Auch auf nationaler Ebene soll die Behandlung von Kryptowährungen bundesweit vereinheitlicht werden (Kubaile und Kuhl 2017, S. 200). Diese Beratungen stehen aber ebenfalls ganz am Anfang. Von einer gewissen Ratlosigkeit zeugt die Aufforderung der Finanzverwaltung NRW an die Finanzämter, dass diese alle Steuersachverhalte mit Kryptowährungen melden sollen, um einen Überblick über die tatsächlichen Probleme zu bekommen[2].

---

[1]Monatsbericht des BMF für Februar 2017, S. 3, http://www.bundesfinanzministerium.de/Monatsberichte/2017/02/Inhalte/Kapitel-3-Analysen/3-2-Ursachengerechte-Therapie-des-Staaten-Banken-Nexus.html.

[2]OFD NRW, Kurzinformation ESt Nr. 04/2018 vom 20.04.2018, Auskunft des BMF an Lisa Paus, MdB, BT-Drucks. 19/370, S. 22.

© Springer Fachmedien Wiesbaden GmbH, ein Teil von Springer Nature 2018
W. Pielke, *Besteuerung von Kryptowährungen*, essentials,
https://doi.org/10.1007/978-3-658-23256-6_9

Zusammenfassend kann mit einer Klärung der Besteuerung von Kryptowährungen mittelfristig Zeit nicht gerechnet werden. Bis dahin lässt sich Rechtssicherheit nur individuell über verbindliche Vorauskunft des zuständigen Finanzamts erreichen.

Was Sie aus diesem *essential* mitnehmen können

- Die Besteuerung von Kryptowährungen ist uneinheitlich. Jede Währung muss für jede Steuerart gesondert betrachtet werden
- Die private Nutzung von Kryptowährungen ist weitgehend steuerfrei. Bei umfangreicherer Verwendung ist aber an eine gewerbliche/unternehmerische Nutzung und damit umfangreichere Steuerbelastung zu denken. Neben Ertragsteuern können dann auch Gewerbe- und Umsatzsteuer anfallen
- Die Finanzverwaltung hat bisher, außer für Teile des Umsatzsteuerrechts, keine bundeseinheitlichen Richtlinien für die Besteuerung von Kryptowährungen herausgegeben. Die Besteuerung kann damit bei jedem Finanzamt unterschiedlich ausfallen. Diese Planlosigkeit sollte aber nicht unterschätzt werden. Verschleierte Einkünfte wird sie durchaus aufdecken können

W. Pielke, *Besteuerung von Kryptowährungen,* essentials,
https://doi.org/10.1007/978-3-658-23256-6

Literatur

Beer, Eveline. BMF-Schreiben zur umsatzsteuerlichen Behandlung von Bitcoin. *Der Betrieb*: 859–860.

Eckert, Kim-Patrick. 2013. Steuerliche Betrachtung elektronischer Zahlungsmittel am Beispiel sog. Bitcoin-Geschäfte. *Der Betrieb*: 2108–2111.

Glenk, Heinrich und Ratschow, Eckart .2018. EStG § 23 Private Veräußerungsgeschäfte. In *Blümich, EStG, KStG, GewStG – Einkommensteuergesetz, Körperschaftsteuergesetz, Gewerbesteuergesetz. Kommentar, Stand März 2018 (114. Ergänzungslieferung)*, Hrsg. Heuermann, Bernd und Brandis, Peter. München: Franz Vahlen.

Hahn, Christopher und Wons, Adrian. 2018. Initial Coin Offering (ICO) – Unternehmensfinanzierung auf Basis der Blockchain-Technologie. Wiesbaden: Springer Gabler.

Hakert, Anka und Kirschbaum, Benjamin. 2018. Ether Classic und Bitcoin Cash: Bilanzierung und Besteuerung von Kryptowährungen aus einer Hard Fork. *Deutsches Steuerrecht*: 881–886.

Heuel, Ingo und Matthey, Isabell. 2018. Steuerliche Behandlung von Kryptowährungen im Privatvermögen – Wann müssen Bitcoin-Gewinne versteuert werden?. *NWB – Steuer- und Wirtschaftsrecht*: 1037–1063.

Hötzel, David. 2018. Virtuelle Währungen im System des deutschen Steuerrechts. Ein Beitrag zur Auslegung des (steuer-) rechtlichen Geldbegriffs. München: C.H.Beck.

Kraft, Gerhard, Ditz, Xaver und Heider, Christian. 2017. Internationaler Informationsaustausch – Überblick über die Rechtsgrundlagen und aktuelle Entwicklungen. *Der Betrieb*: 2243–2253.

Krause, Benjamin. 2018. Ermittlungen im Darknet – Mythos und Realität. *Neue Juristische Wochenschrift, NJW*: 678–681.

Krauß, Wilfried W. und Blöchle, Daniel. 2018. Einkommensteuerliche Behandlung von direkten und indirekten Investments in Kryptowährungen. *Deutsches Steuerrecht*: 1210–1215.

Krüger, Fabian und Lampert, Michael. 2018. Augen auf bei der Token-Wahl – privatrechtliche und steuerliche Herausforderungen im Rahmen eines Initial Coin Offering. *Betriebs-Berater*: 1154–1160.

Kubaile Heiko und Kuhl, Hendrik. 2017. Blickpunkt Deutschland. *SteuerRevue/Revue fiscale*, Heft 3: 200–203.

© Springer Fachmedien Wiesbaden GmbH, ein Teil von Springer Nature 2018

W. Pielke, *Besteuerung von Kryptowährungen*, essentials,

https://doi.org/10.1007/978-3-658-23256-6

Lehnen Alexander und Bailänder, Marcel. 2017. Besteuerung der Geschäfte mit virtuellen Währungen – sog. Kryptowährungen. *FinanzBusinessMagazin*, Ausgabe September: 20–23.

Liegmann, Bastian. 2018. Umsatzsteuerliche Behandlung virtueller Währungen. *Betriebs-Berater*: 1175–1179.

Pielke, Walther. 2016. Umsatzsteuerliche Behandlung von Bitcoins nach dem Urteil des EuGH. *Mehrwertsteuerrecht*: 150–152.

Pielke, Walther. 2018. Besteuerung digitaler Währungen – Steuerliche Aspekte von Bitcoin und anderen blockchainbasierten Zahlungsmitteln. *IWB Internationales Steuer – und Wirtschaftsrecht*: 234–239.

Pinkernell, Reimar. 2015. Ertrag- und umsatzsteuerliche Behandlung von Bitcoin-Transaktionen. *Die Unternehmensbesteuerung*: 19–27.

Reiling, Nicola et.al. 2017, Steuerliche Behandlung von Betriebsveranstaltungen – Eine lohn-, ertrag- und umsatzsteuerliche Betrachtung. *Der Betrieb*: 2436–2445.

Reiter, Christian und Nolte, Dirk. 2018. Bitcoin und Krypto-Assets – ein Überblick zur steuerlichen Behandlung beim Privatanleger und im Unternehmen. *Betriebs-Berater*: 1179–1185.

Richter, Lutz und Christian Augel, 2017. Die Spaltung des Bitcoins: Entstehung steuerfreier Veräußerungsgewinne. *Finanz-Rundschau*: 1131–1133.

Terlau, Matthias. 2017. 2. Abschnitt. Bargeldloser Zahlungsverkehr 9. Kapitel. Überweisungsverkehr § 55a – Elektronisches Geld, virtuelle Währungen (Bitcoins, Ether Coins). In *Bankrechts-Handbuch*, Hrsg. Schimansky, Herbert et.al. München: C.H. Beck.

Schlund, Albert und Pongratz, Hans. 2018. Distributed Ledger Technologie und Kryptowährungen – eine rechtliche Betrachtung. *Deutsches Steuerrecht*: 598–604.